AF310257

ÉTABLISSEMENT THERMAL
et GRAND HOTEL des

BAIGNOTS
de DAX (Landes)

VUE DE L'ÉTABLISSEMENT DES " BAIGNOTS "

Isolé à gauche : l'Hôtel de la 2e classe. — En face, l'Hôtel de la 1re classe.

ENVOI FRANCO DE NOTICES. — S'ADRESSER AU DIRECTEUR

ÉTABLISSEMENT THERMAL ET GRAND HOTEL
DES " BAIGNOTS "
SOCIÉTÉ ANONYME AU CAPITAL DE 600.000 FRANCS

:: NOTE IMPORTANTE ::

Pour éviter les retards dans la correspondance, adresser les demandes à M. le Gérant de l'Établissement des " Baignots ".

Renseignements généraux

Durée de la cure. — La durée normale d'une cure est de vingt à vingt-cinq jours.

Porteurs. — Pour les malades impotents, l'Etablissement a des porteurs auxquels les clients paient un pourboire à la fin de la cure.

Demande d'admission. — Il est nécessaire d'arrêter les chambres qu'on désire quinze jours d'avance.

Massage. — Les malades qui ont besoin de massage trouvent aux « Baignots » des spécialistes diplômés.

Mécanothérapie. — L'*Institut de Mécanothérapie*, dirigé par le docteur Borde, se trouve dans l'immeuble du Casino, à 400 mètres environ de l'Etablissement des « Baignots ».

Pour renseignements, s'adresser au bureau de l'Hôtel.

———— ▣ ————

TAXE DE SÉJOUR

TARIF { En *1re Classe*, 1 fr. **80** *par jour et par personne.*
{ En *2e Classe*, 1 fr. **20** »   »   »   »

Le prix de la Taxe est perçu pour le compte de la Ville, par la caissière de l'Établissement.

Boues végéto-minérales de Dax

Les médecins de l'antiquité préconisaient déjà les applications de boues pour combattre certaines affections. Pline, par exemple, indique, comme remède contre la goutte, un liniment composé avec « *la mousse des eaux* » (les algues) *qui surnage dans les sources thermales.* De son côté, Galien rapporte qu'il a vu à Alexandrie des hydropiques et autres malades guéris par des frictions faites avec *une terre grasse et argileuse.* Sous l'empire romain, Dax, l'*Aquæ Tarbellicæ* du poète Ausone, devint une station balnéaire fréquentée par les élégants patriciens de la Ville Eternelle, aussi bien que par les plus riches Gaulois. Voici, du reste, selon l'intéressant ouvrage du D^r Cн. LAVIELLE *(Dax médical et thermal,* 1902), l'origine de sa fortune :

« Un soldat romain, en garnison à Dax, avait un chien qu'il aimait beaucoup, mais, qui, à son grand regret, était gravement atteint de rhumatismes. Presque entièrement perclus et en proie aux douleurs les plus vives, le pauvre animal était devenu, de la part de son maître, l'objet de soins tout particuliers. Déjà, depuis bien des jours, il n'avait cessé de lui appliquer, mais inutilement et sans succès, une foule de remèdes utilisés en pareil cas, lorsque la légion dont il faisait partie reçut l'ordre d'aller renforcer en Espagne le corps expéditionnaire. Dès ce moment, jusqu'au jour de son départ, le soldat, redoublant de soins, eut recours aux médicaments les plus héroïques ; mais ce fut inutilement : rien n'y fit. A bout de moyens et finalement convaincu que son fidèle compagnon ne pouvait le suivre, et qu'il était conséquemment voué à une mort prochaine, il le jeta dans l'Adour, au moment même de son départ. Le courant, bien plus que les efforts que le pauvre animal put faire pour regagner le rivage, l'entraîna au sein des *boues thermales,* où il dut forcément s'arrêter. Après une immersion dont on ignore la durée, le rhumatisé put en sortir pour assouvir sa faim. Son instinct l'y ramena ensuite plusieurs fois pour compléter la cure. Mais quelles ne furent pas, à son entrée à Dax, la surprise et la joie du militaire, en apercevant le fidèle animal qu'il croyait mort, accourir à sa rencontre, l'obséder de caresses et lécher avec amour les mains qui l'avaient sauté avec l'intention de le faire périr!

» A son retour à Rome, le légionnaire conta l'aventure. Elle eut un tel retentissement qu'elle parvint aux oreilles de l'impératrice. L'impression qu'elle en ressentit fut telle, qu'elle voulut venir aux bains de Dax pour en essayer les effets sur elle-même. Cet événement extraordinaire décida de la fortune de la station. Portée dès lors à son apogée, elle n'eut bientôt plus de rivale.»

Auguste lui-même amena dans cette ville sa fille Julie qui y recouvra la santé. Aussi, depuis le séjour de l'empereur romain dans ses murs, Dax changea son nom pour celui d'*Aquæ Augustæ*. Des bains de marbre et des villas luxueuses s'y édifièrent; puis vint pour cette cité la période de décadence. Successivement saccagée et reconstruite par les Vandales, les Huns, les Visigoths, les Francs, les Maures, elle soutint de nombreux sièges du IXe au XVIe siècle, et ses eaux ne reprirent leur renommée qu'au XVIIIe siècle, grâce aux ouvrages des docteurs de Bordeu et Castelbert. Ce dernier surtout, dans son *Traité des Eaux minérales* (1762), vante l'efficacité des boues de Dax, non seulement dans plusieurs « maladies opiniâtres et rebelles », mais encore pour rendre « *la peau douce comme du satin* »; et, ajoute-t-il, « si les boues n'étaient pas aussi désagréables à la vue et à l'odorat, elles mériteraient le nom de *pommade naturelle par excellence* ». Aussi, les contemporaines du docteur suivirent-elles son conseil, et la coquetterie leur fit surmonter leur répugnance instinctive.

La formation des boues végéto-minérales de Dax est due aux crues de l'Adour (*Voir le cliché du Bassin de culture des Boues des « Baignots », page 5*), qui se produisent plusieurs fois l'an, pendant l'hiver. A chaque débordement, les sources sont recouvertes par le fleuve qui, en rentrant dans son lit, dépose sur la rive qu'il inondait un limon gras, épais et d'une couleur jaunâtre. C'est ce limon qui, avec l'eau thermale qui le baigne et l'imprègne sans cesse, va devenir l'élément *minéral* de la boue.

Le deuxième élément, *végétal* celui-ci, est formé par la flore cryptogamique, qui, sous l'influence de la chaleur et de la lumière, se développe très rapidement dans ce milieu vaseux. D'après M. Thore, ces algues thermales peuvent se ranger en deux grandes divisions : 1° dans les sources d'une température supérieure à 50°, il en a observé au microscope cinq formes : des tubes cylindriques cloisonnés ; des cellules ellipsoïdales jointes bout à bout ; des filaments hyalins ; des bactéries ou bactéridies, enchevêtrées dans un mucus particulier ; 2° dans les eaux au dessous de 50°, il a rencontré une algue d'un beau bleu verdâtre.

BASSIN DE CULTURE DES BOUES DES " BAIGNOTS "

(Cliché pris au moment de la décrue de l'Adour)

Ce bassin, situé en face de l'Établissement et sur la rive gauche de l'Adour, est submergé à chaque inondation du fleuve.
Il est le laboratoire naturel des Boues utilisées en **Bains** *et* **Applications locales.**

Appartenant pour la plupart aux familles des *anabainées* ou des *oscillariées*, ces algues thermales présentent la structure suivante : au milieu d'une masse gélatiniforme, d'une glaire amorphe, à laquelle *M. Marchand*, professeur de Cryptogamie à l'École de Pharmacie de Paris, a donné le nom de *Daxine*, s'entrelacent des tubes de diverses formes, quelquefois très longs, qui interceptent dans les mailles de leurs réseaux des bulles d'azote, des utricules granuleux et enfin des cristaux microscopiques composés pour la plupart de carbonate de chaux et de chlorure de sodium.

Dans la cendre de ces conferves on trouve des traces manifestes d'iode et de brome.

Cette boue végéto-minérale est noirâtre, douce au toucher, onctueuse et répand une légère odeur d'hydrogène sulfuré.

Sa couleur noire vient de la transformation de ses sulfates en sulfures dès qu'ils arrivent au contact de matières organiques.

Les boues de Dax ne constituent donc pas un corps inerte, mais sont le siège de décompositions et de différents phénomènes d'ordre végétatif qui leur communiquent leurs propriétés médicinales. La *radio-activité* (1) très appréciable dont jouissent les eaux qui les baignent, les algues mortes et vivantes, les éléments minéraux, la haute thermalité, les réactions chimiques et les vapeurs gazeuses qui en résultent, sont autant d'agents auxquels elles doivent leur efficacité.

Analyse des Boues thermales des " Baignots "

Voici l'analyse des *Boues thermales* des « Baignots », faite par M. le Professeur Filhol (2) :

« Comme il était aisé de le prévoir, dit l'éminent Professeur de chimie de la Faculté des Sciences de Toulouse, j'ai trouvé dans les boues de l'*Etablissement des « Baignots »* tous les corps qui existaient dans l'eau elle-même. L'analyse mécanique permet d'y reconnaître l'existence d'une assez forte quantité de sable siliceux ; elle permet encore d'isoler une quantité considérable d'une argile très fine.

(1) Voir plus loin l'analyse.
(2) Bulletin de l'Académie de Médecine, n° 13 (27 mars 1883).

ENTRÉE DU PARC DE L'ÉTABLISSEMENT

» Ces boues contiennent une proportion notable de matière organique dont les propriétés sont analogues à celles de la tourbe.

» Quand on fait bouillir la boue de Dax avec une solution alcaline, on obtient un décocté coloré en brun comme une forte infusion de café.

» Si l'on ajoute à ce liquide un léger excès d'acide chlorhydrique, il s'y produit un précipité brun qui possède tous les caractères de l'acide ulmique.

» Parmi les corps qui ont particulièrement attiré mon attention, je signalerai le cuivre, qui existe dans les boues à l'état de sulfure, et le fer qui s'y trouve en partie à l'état de sulfure ferreux, en partie à l'état de sesquioxyde.

» Cent parties de boues, séchées à la température de 120°, ont donné à l'analyse :

Sable siliceux	21 gr. 471
Argile	46 gr. 727
Sulfure ferreux	4 gr. 915
Sesquioxyde de fer	6 gr. 100
Carbonate de chaux	1 gr. 800
— de magnésie	0 gr. 032
Matière organique	18 gr. 002
Sulfure de cuivre	0 gr. 028
Arsenic	Traces.
Antimoine	Traces.
Bromure de sodium	Traces.
Iodure de sodium	Traces.
Fluorure de sodium	Traces.
Carbonate de manganèse	Traces.
— de lithine	Traces.
— de baryte	Traces.
— de strontiane	Traces.
Chlorure de sodium	0 gr. 009
Sulfate de potasse	Traces.
— de soude	0 gr. 001
— de chaux	0 gr. 022
Phosphate de chaux	Traces.

» Quoiqu'il me paraisse certain que les boues agissent sur les malades par l'ensemble des éléments qui les composent, continue M. Filhol, je ne puis m'empêcher d'attribuer une bonne

FAÇADE DE L'HOTEL DE LA 2ᵉ CLASSE
(Colô Sud)

partie de leur action au cuivre, au fer et à la matière organique dont l'origine me paraît due à la décomposition des algues qui vivent, soit dans l'eau thermale, soit dans son voisinage.

» Les caractères chimiques de cette matière organique me paraissent rendre évidente l'origine que je leur attribue. »

Cette boue présente plusieurs agents thérapeutiques réunis : 1° par elle-même elle est un vrai cataplasme ; 2° ce cataplasme est chauffé par l'eau minérale ; 3° elle renferme des substances minérales actives empruntées, soit à l'eau minérale, soit, par des transformations, à celles qui constituent la boue elle-même ; 4° la substance des algues mortes dans la boue constitue un agent plus ou moins gélatineux et organique, utile comme émollient ; 5° les algues vivantes, dont l'abondance peut devenir énorme dans la boue mise en culture régulière, constituent un émollient animé... (Professeur GARRIGOU.)

Les Bains de Boues

On administre les boues en *bains entiers,* en *demi-bains* et en *applications locales.*

Dans les *bains entiers,* la boue restant, en raison de sa densité, au fond de la piscine, la partie inférieure du corps jusqu'au niveau de l'épigastre plonge seule dans la vase, tandis que le reste du corps baigne dans l'eau qui tient en suspension les éléments les plus fluides de la boue. Ils sont administrés généralement entre 37° et 45° dans des baignoires à *eau courante.*

Comme les malades ne supporteraient pas facilement, dès le début, un bain au dessus de 40°, on les accoutume au traitement d'une façon progressive par l'immersion dans des piscines à 36°-39° et on arrive à leur faire tolérer 40° à 45°, cette dernière température étant et devant être rarement dépassée. Quant à la durée de l'immersion, on ne la prolonge généralement pas au delà de dix à quinze minutes. A la sortie du bain on administre au patient une douche ou un arrosage général d'eau thermale, afin de le débarrasser de la boue adhérente à son épiderme. Cela fait, et après avoir ingéré un verre d'eau thermale, il s'enveloppe chaudement dans un peignoir de flanelle, puis regagne son lit où une abondante sudation ne tarde pas à se déclarer. Au bout de vingt à trente minutes, il doit changer de linge et rester encore couché une heure environ.

Le bain de boues se prend à jeun.

UNE DES GALERIES VITRÉES FAISANT COMMUNIQUER L'HOTEL DES " **BAIGNOTS** " (1ʳᵉ CLASSE)
AVEC L'ÉTABLISSEMENT DES BAINS

(En face, les Bains. — En retrait, à droite, l'Hôtel.)

On réserve les *demi-bains* pour les cas où la douleur se trouve localisée dans les membres inférieurs. On les prend comme les précédents.

Chaque piscine est individuelle. Un outillage spécial permet d'en graduer à volonté la température que le malade peut lire instantanément et à tout moment sur le thermomètre en cuivre de 0ᵐ 70 de plongée dont est muni chaque baignoire.

Applications locales de Boues

Indications générales : État d'*anémie* ou de *pléthore* du malade; *certaines maladies du cœur ; la tendance aux congestions.*

Indications spéciales : Cas où les malades ne présentent qu'une affection *partielle*, ou si la manifestation à combattre se trouve localisée en certaines régions dont l'immersion dans un bain entier est impossible *(arthrite des épaules, torticolis, rhumatisme des vertèbres cervicales).*

On les emploie aussi de préférence aux bains entiers dans les cas où l'on désire prolonger le contact de la boue avec les régions malades et où l'on cherche ainsi un effet local de longue durée qu'on ne saurait atteindre avec les bains entiers qui ne dépassent pas en général 15 minutes.

La boue extraite du bassin de culture, passée ensuite au tamis, est appliquée sur la région malade à une température de 40° à 45° et en couche de 2 à 3 centimètres d'épaisseur; on recouvre le cataplasme d'un tissu isolant et imperméable. Durée : de 20 à 45 minutes. Lavage de l'articulation, et, à la suite, bain ou douche, suivant le cas.

Eaux Thermales des "Baignots"

Les sources thermales de Dax sont très nombreuses et aussi remarquables par le degré élevé de leur température (64° aux griffons) que par l'abondance de leur débit (5 millions de litres par 24 heures). L'eau thermale sourd en plusieurs endroits à travers une faille d'émergence qui coupe obliquement l'Adour du nord-est au sud-ouest; aussi, en certains points du lit du fleuve, constate-t-on la présence de griffons d'eau chaude. Les principales sources sont : les

LE PETIT GEYSER DES " BAIGNOTS "

SITUÉ DANS LE PARC

— 13 —

deux *geysers* de l'Etablissement des « Baignots » (*Voir les deux clichés, pages 19 et 13*) qui débitent par jour, à eux seuls, près de deux millions de litres d'eau à 64°, et la *Fontaine chaude* ou de *la Nèhe* sise dans l'intérieur de la ville.

Limpides, incolores, inodores, elles sont onctueuses au toucher et sans saveur bien définie Leur réaction est franchement alcaline.

Elles appartiennent à la classe des *sulfatées mixtes (sodico-calcico-magnésiennes)*. En raison de leur faible minéralisation, on les a rangées parmi les eaux qu'on a successivement qualifiées d'*inermes* (Gubler), d'*amétalliques* (Rotureau), d'*oligo-métalliques* (Campardon), d'*indifférentes* ou d'*indéterminées* (Durand-Fardel).

Elles sont utilisées : 1° en boisson ; 2° en bains et douches ; 3° dans des étuves naturelles générales et locales chauffées par leurs vapeurs.

Ce sont d'excellentes *laveuses des reins* et leur ingestion produit une *diurèse abondante* accompagnée de décharge urique.

En bains, les effets dépendent de la température et de la durée d'application.

Suivant le degré, elles sont sédatives (de 33° à 36°), excitantes (de 37° à 40°), révulsives de 40° et au delà).

En douches, les effets obtenus ne diffèrent en rien de ceux qu'on obtient ailleurs par l'emploi de l'eau thermale ; et, ici comme dans les autres stations, ils sont subordonnés à la température de l'eau, à la hauteur de sa chute, au mode d'administration, etc.

Les Etuves sont directement établies au-dessus des griffons, de telle façon qu'au lieu de recevoir la vapeur d'une chaudière, le malade est enveloppé d'une *buée naturelle* qui se dégage des sources situées sous ses pieds et qui, on le comprend, est plus agréable et plus douce que la vapeur artificielle.

Les bains de caisse sont des étuves complètes « en caisse », où la tête est en dehors de l'appareil.

Les bains de vapeurs partiels consistent en appareils spéciaux appropriés à la région ou au membre à traiter et dans lesquels se répand la vapeur fournie par l'eau minérale, de telle sorte que dans certains cas particuliers, on peut envelopper de vapeurs une partie du corps seulement sans exposer le malade à l'action générale de celles-ci. (*Voir cliché, page 21.*)

UNE CABINE DE BAINS DE BOUES

Analyse de l'Eau Thermale des " Baignots "

Par le Professeur FILHOL (1).

Un litre d'eau a donne:

Chlorure de sodium	0 gr. 2800
Bromure de sodium	Traces.
Iodure de sodium	Traces.
Fluorure de calcium	Traces.
Sulfate de potasse	0 gr. 0240
— de soude	0 gr. 1869
— de chaux	0 gr. 1880
Carbonate de chaux	0 gr. 2314
— de magnésie	0 gr. 1022
do protoxyde de fer	0 gr. 0010
— de manganèse	Traces.
— de lithine	Traces.
— de baryte	Traces.
— de strontiane	Traces.
Phosphate de chaux	Traces.
Matière organique	Traces.
Silice	0 gr. 0240
Acide carbonique libre	0 gr. 0500
Cuivre	Traces.
Arsenic	Traces.
Antimoine	Traces.

L'analyse spectrale décèle en outre, dans cette eau, des traces de rubidium et de zinc.

Dans une note lue à la Société de Médecine de Bordeaux, le 18 janvier 1907, sur le *Fluor dans les eaux minérales*, M. le docteur CARLES dit avoir trouvé dans l'eau de Dax 0.009 de fluorure de sodium par litre.

Enfin rendant compte, dans le *Journal de Pharmacie et de Chimie* du 16 octobre 1906, de ses recherches sur la question des gaz dans les eaux minérales, M. Charles MOUREU, *membre de*

(1) Bulletin de l'Académie de Médecine, n° 13 (27 mars 1883).

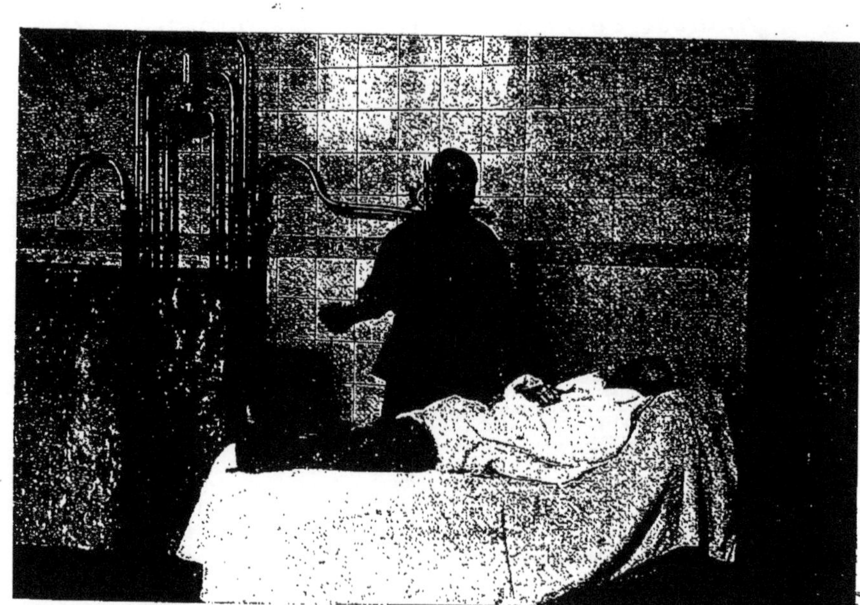

UNE APPLICATION DES BOUES SUR LE MEMBRE INFÉRIEUR GAUCHE

l'Académie de Médecine, professeur à l'Ecole supérieure de Pharmacie de Paris, donne la composition centésimale en volumes de l'eau de Dax :

	RADIO-ACTIVITÉ	ACIDE CARBONIQUE °/o (en volume)	OXYGÈNE °/o (en volume)	AZOTE °/o (en volume)	GAZ RARES en bloc °/o (en volume) [1]	HÉLIUM °/o (en volume) [2]
Source du *Trou des Pauvres*	1 46	1.9	0.7	96.2	1.2	0.005
Source de la *Nehe*. dite FONTAINE CHAUDE	0 23	1.3	1	96.26	1.44	0.0345

Sur 27 sources françaises analysées par le professeur Moureu. **Dax,** au point de vue de la radio-activité, occupe le *quatrieme rang*.

Topographie de l'Établissement des "Baignots"

Des divers Établissements thermaux de Dax, le mieux situé et le plus important comme nombre de baigneurs *(près de 3,000 par an)* est l'*Établissement des « Baignots »* (3).

Situé sur la rive gauche de l'Adour, à 500 mètres de la ville, à laquelle il est relié par une ravissante allée d'ormes qui côtoie le fleuve, il offre aux malades tous les agréments de la campagne.

Coquettement assis au pied du *Tuc d'Eauze*, colline admirablement boisée que couronnent le couvent des *Prêtres de la Congrégation de la Mission* (Lazaristes) et la *Tour de Borda*, il est à cinq minutes à peine du *Bois de Boulogne*, l'une des plus jolies promenades du pays.

La ceinture verdoyante qui l'entoure, les beaux arbres du parc au milieu duquel il s'élève, les *deux magnifiques geysers* qui émergent dans le jardin, la petite forêt touffue du *Tuc d'Eauze*, le frais courant de l'Adour qui roule sur des sables, sa situation en pleine campagne, tout à côté de la ville, en font incontestablement le plus complet et le plus agréable des Établissements thermaux de Dax.

---

(1) Les gaz rares appartiennent à la famille de l'argon ; ce sont : l'argon, l'hélium, le néon, le crypton, le xénon.

(2) En dehors de l'*argon*, dont la présence y a été signalée par M. le *professeur* Moureu, M. Deslandres a, par l'étude spectrale de nos eaux, mis en évidence l'*hélium*.

(3) L'Établissement comprend deux Hôtels *absolument séparés*, l'un pour la première, l'autre pour la deuxième classe, avec parc et salles de café affectés à chacune d'elles.

Le Nouvel Hôtel de la 1re classe est meublé d'une façon hygiénique tout à fait moderne (genre Touring-Club) : *lits de cuivre et sommiers métalliques, murs peints au ripolin, etc.* — Toutes les chambres avec cabinet de toilette.

LE GRAND GEYSER DES " BAIGNOTS "

SITUÉ DANS LE PARC

Service Médical de l'Établissement Thermal des " BAIGNOTS "

Lé service médical de l'*Établissement thermal des « Baignots »* est assuré par MM. :

Le Docteur Louis LAVIELLE, *Directeur médical.*
Le Docteur Auguste MANGIN, *Médecin suppléant.*

Deux fois par semaine, les malades qui ont consulté les Médecins de l'Etablissement sont visités dans leurs chambres.

En dehors de cette visite régulière, les consultations ont lieu tous les jours, dans le cabinet des médecins (dimanche, mercredi et vendredi exceptés), de 14 h. 1/2 à 16 h. 1/2.

Abonnement balnéaire et Direction médicale

Les malades soignés soit par les Médecins attachés à l'Etablissement des « Baignots », soit par tous autres Médecins, paieront à la caisse de l'Etablissement, pour l'abonnement balnéaire, les prix forfaitaires suivants (1) :

En 1re classe...... **120** francs }
En 2e classe...... **70** francs } pour toute la durée de la cure.

Lorsque plusieurs membres de la même famille suivent le traitement balnéaire, l'un d'eux seulement paie le tarif intégral indiqué plus haut, tandis que chacun des autres n'en paie que la moitié.

Les malades qui auront choisi, pour la direction de leur traitement, un médecin pris en dehors de ceux qui sont attachés à l'Etablissement des « Baignots », *régleront directement les honoraires à ce Médecin ;* mais ils devront payer à la caisse de l'Etablissement le prix forfaitaire sus-indiqué pour *l'abonnement balnéaire.*

---

(1) Cet abonnement balnéaire comprend les Bains de Boues, les Applications locales de Boues et les Eaux minérales en Bains, Douches et Etuves.

Il comprend aussi les soins médicaux *donnés par les Médecins de l'Etablissement*, pour direction du traitement thermal seulement. — Tous autres soins (injections hypodermiques, douches d'air chaud, électrisation, etc.) seront réglés directement aux médecins.

UNE ÉTUVE PARTIELLE

(Les deux ouvertures supérieures sont réservées aux membres supérieurs, tandis
que les inférieures sont utilisées pour les pieds et les jambes.)

SAISON D'HIVER

L'*Etablissement des « Baignots »* est ouvert **toute l'année**. En tout temps, on y fait une cure efficace, car l'*Hôtel* communique avec l'*Etablissement des Bains* par deux larges galeries vitrées et chauffées qui permettent aux malades de faire leur traitement sans s'exposer à l'air et d'aller du lit aux bains en simple peignoir de laine (*Voir cliché page 11*).

OUVRAGES INTÉRESSANT DAX

Pour plus amples détails sur Dax en général, sur la cure thermale qu'on y fait et les maladies qui en sont justiciables, demander au *Bureau de l'Etablissement :*

Causeries sur la Goutte (par le Docteur Ch. Lavielle)................. Prix : **3 fr. 50.**

Le Bluff des Stations Austro-Allemandes (par les Docteurs Charles et Louis Lavielle............................ .... — **3 fr. 50.**

(Envoi franco contre timbres-poste ou mandat.)

Règlement de l'Établissement des " Baignots "

Service balnéaire — Deux services par jour. Le matin : de 5 à 8 heures (l'été). — de 6 à 9 heures (l'hiver). — Le soir : de 3 à 5 heures.

Le traitement est interrompu l'après-midi des dimanches et jours fériés.

Location de peignoirs de flanelle pour la saison balnéaire. — Moyennant un prix de location de 12 francs en 1re classe et de 8 francs en 2e classe pour toute la durée du séjour, les baigneurs trouveront dans l'Etablissement de confortables peignoirs de flanelle avec manches et capuchon. Les peignoirs sont soigneusement désinfectés après chaque cure.

Repas. — Les repas se prennent à la table d'hôte ou au restaurant.

Petit déjeuner du matin. — De 7 à 9 heures. Il est servi dans les chambres.

Déjeuner à table d'hôte. — A 11 h. 1/2. Après 11 h. 3/4, on n'est plus admis à la table d'hôte.

Dîner à table d'hôte. — A 6 h. 1/2. Après 6 h. 3/4, on n'est plus admis à la table d'hôte.

Exceptions. — *MM. les Médecins: gratuité du traitement, réduction de 20 %, sur la pension; femmes, pères et mères de médecins: gratuité du traitement, réduction de 10 %, sur la pension.*

MM. les Pharmaciens: gratuité du traitement, réduction de 10 %, sur la pension.

MM. les Membres du Clergé, les Instituteurs, les Religieuses: réduction de 50 %, sur le traitement.

MM. les Officiers en activité de service: réduction de 25 %, sur le traitement.

Sages-femmes: gratuité du traitement.

Prix de la Pension à l'Hôtel des " Baignots "

L'Établissement des « *Baignots* » reçoit deux classes de pensionnaires, *absolument séparées* et *logées dans deux hôtels distincts* (Voir les plans des deux hôtels, pages 27 et 32), aux conditions ci-dessous :

En 1re classe : Depuis **20** francs }
En 2e classe : Depuis **16** francs } par jour et par personne.

Ces prix comprennent (en dehors de l'abonnement balnéaire et de la direction médicale qu sont comptés à part) le logement, les repas à table d'hôte (trois repas y compris le peti déjeuner qui est servi dans la chambre), l'éclairage électrique et le linge pour bains.

Le vin n'est pas compris dans le prix de pension.

Ces prix d'Hôtel s'appliquent aussi bien aux malades qui suivent le traitement qu'aux personnes qui les accompagnent et qui ne prennent pas de bains.

Pour les enfants, il est fait une réduction proportionnelle à leur âge.

Une journée ou une demi-journée d'absence ne donne droit à aucune défalcation sur le prix quotidien de la pension.

Dans le cas où l'absence se prolonge au delà de 24 heures, le prix de la journée est diminué d'une somme qui ne **sera** pas inférieure à 2 francs.

AVIS. — Les chiens ne sont pas admis.

Les personnes qui prennent leurs repas au restaurant, petites tables, menu du jour, doivent payer un supplément de 1 fr. 50 par repas et par personne.

Les déjeuners et dîners servis dans les chambres sont payés 2 francs par personne et par repas en sus du prix ordinaire de la journée.

Salles de café. — Les deux salles de café, situées sur le parc, sont ouvertes à tous les baigneurs. Elles sont fermées à 10 heures du soir.

Service religieux. — Les dimanches et jours de fête, à *9 heures*, une messe est célébrée dans la Chapelle de l'Établissement.

Les baigneurs peuvent assister aux messes célébrées dans la Chapelle par les prêtres qui sont en traitement dans l'Établissement.

Dépôt et distribution des Lettres. — Deux boîtes aux lettres sont placées dans l'Établissement. La remise aux baigneurs des courriers, qu'un employé va chercher à la poste, est faite trois fois par jour.

Heures de remise des courriers aux baigneurs : *Matin*, 8 heures et 12 heures. — *Soir*, 19 heures.

Téléphones. — L'Établissement est muni de deux téléphones (Téléphone de la 1re classe, no 19 ; Téléphone de la 2e classe, no 162), reliés à Bordeaux-Paris et à toutes les villes de la région.

Télégraphe. — Les dépêches sont expédiées et reçues par le téléphone de l'Établissement.

Paiement des Notes. — Les notes se paient à la Caisse de l'Établissement.

Journaux pour les Baigneurs. — L'employé qui fait le service de la gare porte tous les matins aux baigneurs les journaux qui lui sont demandés.

On indiquera au Bureau les journaux qu'on désire.

Location de petites Voitures pour malades. — L'Établissement tient à la disposition des malades impotents de petites voitures à un prix de location de 1 franc par heure, pour la voiture seulement.

CHAPELLE DES "BAIGNOTS" (A droite le Grand GEYSER)

Le service de la gare est assuré par l'automobile de l'Etablissement.

Les baigneurs qui désirent des voitures pour promenade peuvent en faire la demande au bureau.

Auto-Garage. — Les automobilistes trouveront aux « Baignots » un garage avec fosse et lance à jet (*1 fr. 50 par voiture et par jour*).

Ascenseurs. — Les ascenseurs (qui ne se trouvent que dans l'Hôtel de la 1re classe) sont gratuits. Ils fonctionnent de 6 heures du matin à 10 heures du soir.

Dépôt d'argent et de valeurs. — L'Administration ne répondant que des valeurs qui lui auront été confiées, les baigneurs sont invités à déposer à la Caisse de l'Etablissement les valeurs et l'argent dont ils sont porteurs; un reçu acquitté leur en sera délivré.

Hôtel de la Ire classe

———o———

Toutes les chambres à 1 lit { Nos 102 et 103 .... **30 fr.** par jour et par personne.
{ Nos 104, 105, 106 et 107.. **27 fr.** — —

———————

Chambres communicantes : Nos 102, 103; — 104, 105; — 106, 107.

———————

HOTEL DE LA 1re CLASSE

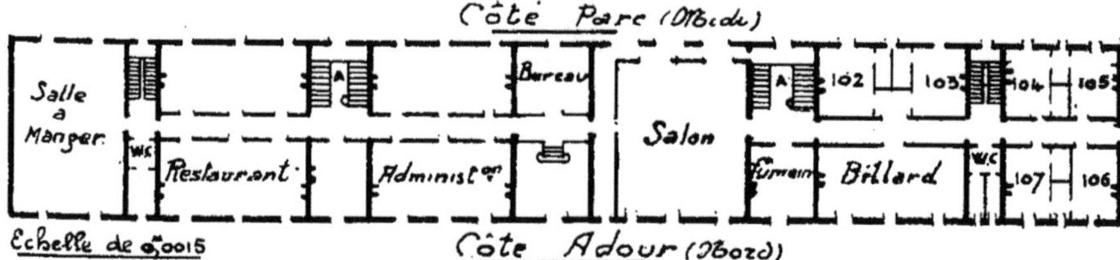

PLAN DU REZ-DE-CHAUSSÉE

Hôtel de la 1re classe (1er étage)

Nos 11, 12, 14, 15, 16, 17, 18...F. **24** »
Nos 3, 7, 9, 10, 19, 90, 91........................... **25** »
Nos 1, 2, 4, 5, 6, 8........................... **27** »
Nos 92, 93, 94, 95, 98......................... **28** »
Nos 96, 97......................... **30** »
Nos 88, 89, 99, 101......................... **34** »

Chambres à 2 lits.

Nos 11, 12...F. **24** »
Nos 9, 10, 19......................... **25** »
No 1......................... **27** »

Chambres communicantes · Nos 2, 3, 4; — 6, 7, 8; — 9, 10; — 11, 12; — 16, 17, 18;
88, 89; — 92, 93; — 94, 95; — 96, 97; — 99, 101.

HOTEL DE LA 1re CLASSE

PLAN DU PREMIER ÉTAGE

Hôtel de la 1re classe (2e étage)

Nos 30, 31, 32, 33, 34, 35, 36, 37 ....F.	24	»
Nos 38, 21, 22, 23, 24, 25, 26, 27, 28, 29	25	»
Nos 79, 80, 81, 82, 85, 86	27	»
No 20	26	»
Nos 77, 78, 87, 75, 76, 83, 84	29	

Chambres à 2 lits.

Nos 30, 31 ....F.	24	»
Nos 23, 24, 25, 27, 28, 29, 38	25	»
No 20	26	»
No 86	27	»

Chambres communicantes : Nos 21, 22, 23 ; — 25, 26, 27 ; — 28, 29 ; — 30, 31 ; 32, 33, 34 ; — 35, 36, 37 ; — 75, 76 ; — 77, 78 ; — 79, 80 ; — 81, 82 ; — 83, 84 ; 86, 87.

HOTEL DE LA 1re CLASSE

PLAN DU DEUXIÈME ÉTAGE

Hôtel de la 1re classe (3e étage)

Nos 49, 50, 51, 52, 53, 54, 55, 56 . . . . F.　20　»
Nos 57, 58, 59, 62, 63, 65, 66, 67, 68, 69, 70, 71, 73, 39, 40, 41, 43, 44,
　　45, 46, 47, 48 . . . . 21　»
Nos 60, 61, 64, 72, 74, 42 . . . . 22　»

Chambres à 2 lits.

No 50 . . . . F.　20　»
Nos 71, 39, 40, 43, 57 . . . . 21　»

Chambres communicantes : Nos 40, 41, 42 ; — 44, 45, 46 ; - 47, 48 ; — 49, 50 ; — 51, 52, 53 ;
54, 55, 56 ; — 58, 59, 60 ; — 61, 62, 63 ; — 64, 65 ; — 66, 67 ; — 68, 69, 70 ; — 72, 73, 74.

HOTEL DE LA 1re CLASSE

PLAN DU TROISIÈME ÉTAGE

Le troisième étage n'est pas chauffé.

Pavillon (1re classe) et Couloir y attenant

N°s 7, 8, 9, 10, 11, 12, 3, 4 . . . . F. **21** »
N°s 1, 2, 5, 6 . . . . **22** »

Chambres à 2 lits.

N°s 9 . . . . F.
N°s 3, 10 . . . . } **21** »
N° 4 . . . .

Petit Couloir (2e classe).

N°s 26, 27, 28, 29 . . . . F. } **17** »
N°s 30, 31, 32, 33 . . . .

Hôtel de la 2e classe [1]

———— o ————

Chambres à 1 lit : Nos 1, 2, 3, 4, 7, 8, 11, 14, 15, 16, 17, 18, 19, 20.F. }
Chambres à 2 lits : Nos 5, 6, 9, 10, 12 .... } 17 »

Chambres communicantes : Nos 1, 2, 3, 4, 12, 14, 15, 17, 18, 19, 20, 21.

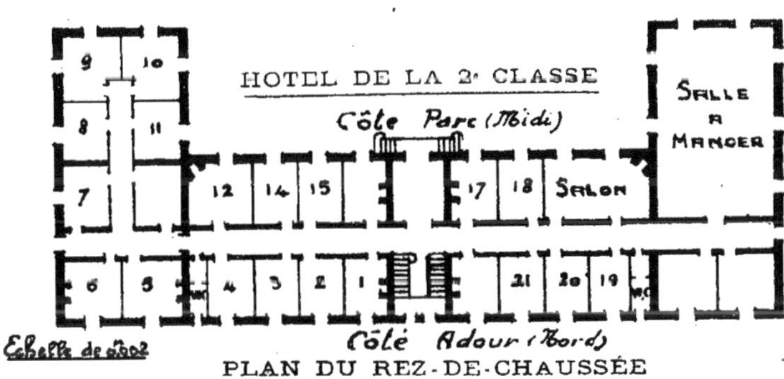

PLAN DU REZ-DE-CHAUSSÉE

(1) L'Hôtel de la 2e classe ne possède pas d'ascenseur.

<h1 style="text-align:center">Hôtel de la 2e classe</h1>

Chambres à 1 lit... { N°s 22, 23, 24, 25, 29, 32, 35, 36, 37, 38, 39, 40, 41, 47, 51, 52, 53, 54 ....F. } **17** »

Chambres à 2 lits.. N°s 26, 27, 28, 30, 31, 34, 42, 44, 45, 46, 48, 49, 50 ....)

Chambres communicantes : N°s 22, 23, 24, 25, 35, 36, 37, 39, 40, 41, 42, 51, 52, 53, 54.

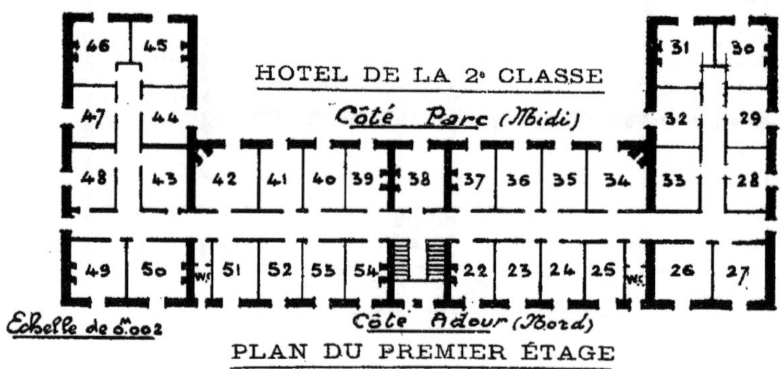

PLAN DU PREMIER ÉTAGE

Hôtel de la 2ᵉ classe

Chambres à 1 lit... { Nᵒˢ 55, 56, 57, 58, 59, 63, 64, 68, 69, 70, 71, 72, 74, 78, 79, 84, 85, 86, 7 .... F. } 16 »

Chambres à 2 lits.. Nᵒˢ 60, 61, 62, 65, 67, 75, 77, 80, 81, 82, 83 ....

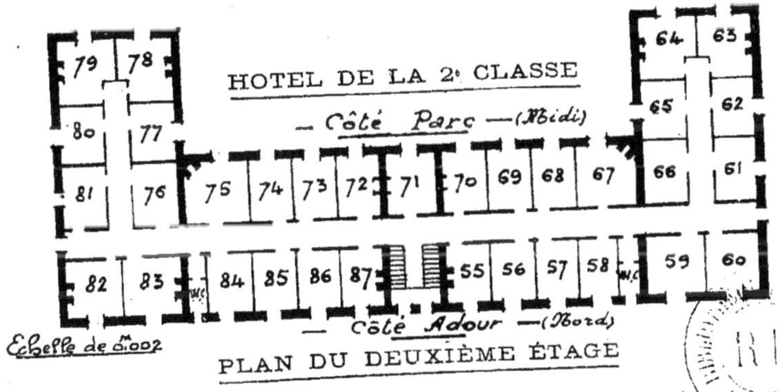

IMPRIMERIE F. PECH
:: BORDEAUX ::

DAX
(LANDES)

OUVERTS
TOUTE L'ANNÉE

OUVERTS
TOUTE L'ANNÉE

Établissement Thermal et Grand Hôtel
DES
" BAIGNOTS "

Traitement de toutes les Affections Rhumatismales par les
BOUES VÉGÉTO-MINÉRALES et les EAUX THERMALES

TÉLÉPHONE : 1re classe, No 19 — 2e classe, No 162
ÉCLAIRAGE ÉLECTRIQUE
ASCENSEURS (HOTEL DE LA 1re CLASSE)
Télégraphe (Expédition des dépêches par le Téléphone de l'Établissement).

CHAUFFAGE DE L'HOTEL
PENDANT L'HIVER PAR L'EAU DES GEYSERS
AUTO-GARAGE
OMNIBUS PARTICULIER A TOUS LES TRAINS

ASCENSEUR SPÉCIAL CONDUISANT DIRECTEMENT DANS LA GALERIE DES BAINS (EN 1re CLASSE)

www.ingramcontent.com/pod-product-compliance
Ingram Content Group UK Ltd.
Pitfield, Milton Keynes, MK11 3LW, UK
UKHW020056100726
13658UKWH00004B/1792

F. GIROLAMI-CORTONA

DEUX DRAMES

CANEVALANDRO ET MANNONE

OU

ISTOIRE MERVEILLEUSE D'UNE JOLIE PETITE VILLE

DE

L'ILE DE CORSE

BASTIA

IMPRIMERIE ET LIBRAIRIE OLLAGNIER

1908